별의 노래

별의 노래

이미자 지음

도서출판 틀림

序 文

본 <시집>에서 시인은
인생과 자연에서 관조한 서정을 신앙으로 승화하였습니다.
본 '시'가
독자 여러분의 찬송이 되기를 소망하며
'시'의 영감을 주신 주 하나님께 감사드립니다.

천향 이시자

차 례

서문 5

오월의 빛이여 9
네 님의 분재다 11
아직은 희망이다 14
새 시대가 도래한다 16
비추게 하소서 18
백성 위해 가신다 20
나무에서 일어났다 22
긴 밤이 지났다 24
광야 지날 때 26
나락같이 27
주의 형상 이루소서 29
알곡이여 30
알곡들이 들어간다 33
열매 또 단풍 35
잎새 37
온 들에 가득하다 40
여명이 오셨다 43
우리 님 오셨다 45
베들레헴에 나셨다 47
하늘에서 오셨다 49
우리 주가 나셨다 50
그리스도가 나셨다 51
높이 떠 있는 별 하나 53
빛이여 55
부활의 주가 달리신다 57
우리 주가 부활하셨다 59

내 님의 십자가 61
보리 62
봄빛 64
오늘이 좋은 날 65
들풀 66
희망 67
하루에 천년, 천년에 하루 68
사막에서 70
진달래 71
종소리 73
하늘에서 할렐루야 75
만월 77
가을이 오기까지 79
꽃이 진다 81
일년초 앞에서 83
미라 꽃송이 망초 85
물방울 하나 87
빈터 88
망초 90
그립습니다 92
기념비 되게 하소서 94
재림 99
눈이 내린다 101
세상 끝이 오지 않았다 103
민족이여 나라여 106

인터뷰 108

오월의 빛이여

오월의 빛이여!
네 빛으로,
잎새가 청청하다.
잎새는 녹음이 되어 주의 기상 노래한다.

바람은 오월의 빛 사이를 지난다.

오월의 빛이여!
네 빛으로,
만 꽃이 피었다.
만 꽃은 입술이 되어 주를 찬양한다.

바람은 오월의 빛 사이를 지난다.

오월의 빛이여!
네 빛으로,
만 꽃들이 향기 날린다.

향기는 묵상이 되어 천성을 채운다.

바람은 오월의 빛 사이를 지난다.

오월 빛이여!
네 빛으로,
꽃잎이 떨어졌다.
꽃잎은 주의 길 카펫이 된다.

네 님의 분재다

너는
네 님의 발자국 따라간다.

너는
네 님의 분재다.

동서남북에서 바람이 일렁인다.

시대를 타고
세월을 등에 진 너여!

너는
네 님의 발자국 따라간다.

파란 하늘이 지났다.
먹구름이 덮인다.
뇌성, 폭우, 폭풍

너는
네 님의 발자국 따라간다.

먹구름이여!
너는 하늘이 아니다.

다시
파란 하늘이 열린다.

바람 소리,
새소리, 시내 소리,
찰싹거리는 파도 소리,
만 꽃은 만발하고,
나비는 춤춘다.

너는
네 님의 발자국 따라간다.

다시
눈서리치고,
백설의 나라가 열린다.

너는
네 님의 발자국 따라간다.

님의 꿈 네 꿈 되고
네 꿈 님의 꿈 된다.

네가 어디로 가든지
어디에 서 있든지
너는
네 님의 발자국 따라간다.

아름다운 네 님의 분재된 너여!
불화살로,
솔바람으로,

너는
네 님을 송축하는 천천 년의 시대가 된다.

아직은 희망이다

아직은 희망이다.
봄이 왔다.
봄빛이 온 누리를 채운다.

광활한 들녘이다.
대지는 겨울잠에서 일어났다.

가지마다 싹이 움튼다.

겨울 폭풍에 갇힌 너희여!

봄이 왔다.
산수유꽃, 진달래, 매화,
살구꽃, 복사꽃, 벚꽃,
개나리, 목련화다.

꽃눈이 열렸다.

너희는 무한히 피어라.

아직은 희망이다.

봄은 여름을 부른다.

아직은 희망이다.

봄은 가을을 부른다.

아직 남은 희망이다.

일곱 번 겨울 끝에서
영원한 봄, 주의 나라 도래한다.

새 시대가 도래한다

할렐루야!

승리 외친
파란 하늘아, 천둥이 지났다.
춤이 된 바람아, 폭풍이 지났다.
은은한 햇살이여, 폭양이 지났다.
평강의 노래 되어 흐르는 시내여, 폭우가 지났다.

할렐루야!

무화과 석류,
포도 열매여,
온 땅의 열매들이여!
너희는 홀로 피어나지 않았다.

너희 안에서
너희 밖에서
시대를 지나, 역사를 지나
너희는 네 님의 숨결로 피어났다.

황금들녘으로 일어난 나락이여!
너희도 네 님의 숨결로 피어났다.

할렐루야!
할렐루야!

바람아!
너희는 역사의 지평선으로 달리며 선포하라.

한가위 들녘의 시대가 저녁노을을 부른다.

지평선 너머에서 새 시대, 새 나라가 도래한다.

한가위 들녘 너희는 영원한 춤으로 일어나리라.

할렐루야!

비추게 하소서

님이여!
어둠 속 별 같이
이 세상 비추게 하소서

님의 손 잡고
하늘 이 끝에서
하늘 저 끝까지
비추게 하소서

님이여!
별 같이
높이 떠 있게 하소서
별 같이
거룩한 노래 부르게 하소서

님이여!
별 같이
반짝이게 하소서
별 같이
온 세상을 향해
하늘 영광 선포하게 하소서

님이여!
땅거미 짙어올 때
별들이 일어나나이다
별같이
어둠 속 이 세상 비추게 하소서

님이여!
별 같이
높이 떠서 비추게 하소서
아득한 별같이
영원히 비추게 하소서

백성 위해 가신다

만유의 주가 가신다.
백성 앞에서 가신다.

만유의 주가 가신다.
할례 받은 백성 위해 가신다.

만유의 주가 가신다.
구름 기둥,
불 기둥으로,
백성 앞에서 가신다.

구름 기둥이다.
천성 길 우러러 사랑 기치 들었다.
불 기둥이다.
천성 문 전야같이
불꽃의 영광으로 광야 채운다.

만유의 주가 내려 주신다.
할례 받은 백성 위해,
내려 주신다.

하늘 양식 내리신다.
생명 양식 채우신다.

만유의 주가 반석이 된다.
할례 받은 백성 위해,
반석이 된다.

반석이 생수 된다.
백성의 영을 새롭게 한다.

만유의 주가 거두신다.
광야를 지나,
초막을 지나,
할례 받은 자 거두신다.

주의 사랑하는 자여!
영영한 열매여!
너는 천성에 서고,
구름 기둥,
불 기둥은 천성의 기둥이 되어 선다.

나무에서 일어났다

가지에서 생명이 일어난다.

가지들이 영광의 노래한다.

연초록 싹이 가지에 걸렸다.

가지들이 영광의 노래한다.

바람이다.
싹이 걸린 나뭇가지 사이로 지난다.

가지에 걸린 싹이 푸른 나라 이루었다.

가지들이 영광의 노래한다.

가지에 꽃눈이 열렸다.
하얀빛, 붉은빛깔이다.
분홍빛, 자줏빛, 보랏빛깔이다.

가지들이 영광의 노래 부른다.

각 색깔 꽃눈 사이로 바람이 지난다.

꽃눈이 미소 되어 영광의 노래 부른다.

긴 몇 날이 지났다.

싹은 잎이 되고
잎은 단풍으로 피었다.

꽃이 떨어졌다.
날들이 지나 열매로 피었다.

가지들이 영광의 노래 부른다.

싹으로, 꽃으로, 열매로,
가지들의 영광이다.
그 영광이
나무에서 일어났다.

가지들이 영광의 노래 부른다.

가지들의 찬송이 나무에서 일어났다.

긴 밤이 지났다

대지에 땅거미 내린다.

깊어가는 밤이다.
사계를 지나는 밤이다.

여명을 기다리는 대지다.

빛줄기 타고 땅거미 가신다.

긴 밤이 지났다.
이슬을 기다리는 대지다.

생령같이 이슬이 내린다.

대지는 금수강산으로 일어났다.

새순이 일어난다.
만 꽃이 만발한다.

벌들이,
나비들이 만 꽃 사이를 지난다.

벌떼들이 향기를 부르고,
나비들은 춤사위로 대지를 채운다.

긴 밤이 찰나 되어 사라졌다.
대지는 이슬 지고 빛이 되어 일어난다.

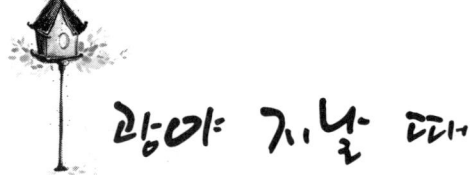
광야 지날 때

광야 지날 때는
홀로이다.

다만 하늘 보고
하늘님 벗 삼아 간다.

광야 지날 때는
더 간절한 맘
하늘에 피어오르고
하늘과 내가 하나이다.

광야 지날 때
하늘님 가마 되고
하늘이 온 땅에 눈 된다.

평강의 샘으로 인도한다.

나락같이

님이여!
들녘의
나락같이 싹으로 일어나게 하소서.

님의 은혜같이
은은한 햇살로 일어나게 하소서.
님의 손길같이
솔바람으로 일어나게 하소서.

님이여!
들녘의 나락같이 자라게 하소서.
녹 색깔 희망같이
온 세상에 님의 꿈 채우게 하소서.

님이여!
들녘의 나락같이 견디게 하소서.
폭풍우 지나게 하소서.
불덩이 뙤약볕을 지나게 하소서.

님이여!
들녘의 나락같이 기다리게 하소서.
낮과 밤의 긴 날들을 지나
추수 때까지 기다리게 하소서.

마침내
바람결에 일렁이는
황금저고리 춤같이 열매 되게 하소서.

주의 형상 이루소서

주의 형상 이루소서

주의 마음 부어 주소서
주의 바람 부어 주소서
주의 길 부어 주소서

나의 맘, 주의 마음 되게 하소서
나의 꿈, 주의 바람 되게 하소서
나의 길, 주의 길 되게 하소서

아지랑이 맘, 사라지게 하소서
영원한 마음으로 부활하게 하소서

아지랑이 꿈, 사라지게 하소서
영원한 바람으로 부활하게 하소서

아지랑이 길에서 돌아서게 하소서
영원한 길 따라가게 하소서
주의 길, 영원한 길 따라가게 하소서

주의 형상 이루게 하소서

알곡이여

알곡이여,
알곡들이여!
너희는 영원히 시들지 않는다.

알곡이여,
알곡들이여!
너희는 유월절을 지났다.

십자가 흔적이,
네 생명 되어 너희를 두른다.

알곡이여,
알곡들이여!
너희는 초실절을 지났다.

영생의 뿌리 안에서
너희는 초실절의 영광이 된다.

알곡이여,
알곡들이여!
호령과 천사장의 나팔소리가,
영영한 왕국,
천년의 개벽을 선포한다.

알곡이여,
알곡들이여!
너희 왕,
만주의 주는 영광의 보좌에서,
그의 백성 너희는 신묘의 날, 천년의 영광을 지난다.

알곡이여,
알곡들이여!
초막절의 영광이 너희를 부른다.

천상의 문이 열린다.

불꽃이 땅 위에 쏟아진다.

만상은 형체가 흔들리고,
불꽃의 낙엽처럼 사라진다.

알곡이여,
알곡들이여!

초막절의 영광은 신묘한 천년을 지나 영원한 오늘이
된다.

알곡들이 들어간다

할렐루야!
할렐루야!

천군이여, 십자가를 찬양하라.

유월절 어린양이,
십자가에서 피어났다.

대속,
승리,
영생,
영원한 이름의 십자가

할렐루야!
천군이여, 십자가를 찬양하라.

십자가 전사,
그리스도 우리 주가 전리품을 거두었다.

할렐루야!
천군이여, 시온 성문 열어라.

장엄한 황금마차 행렬이다.

붉게 물든 전리품이다.
무겁게 실었다.

아이는 버들피리 불며 할렐루야!
처녀 총각은
신묘한 아리아로 할렐루야!
여인과 노인은
느릿느릿 춤사위로 할렐루야! .

초막절이다.

주의 전리품,
주의 무궁한 알곡들이 들어가신다.

할렐루야!
할렐루야!

천군이여,
나팔 불어 외치라.
노래하며 외치라.

시온 성문 열어라.

주의 무궁한 알곡들이 들어가신다.

열매 또 단풍

나뭇가지다.
자유의 상징같이 초연하다.

가지마다
열매가 주렁주렁 맺혔다.

황금빛깔,
진홍,
주홍,
다홍,
자줏빛깔

크고 작은 열매가 주렁주렁 맺혔다.

나뭇가지다.
가지마다 단풍이 찬란하다.

황금빛깔,
진홍,
주홍,
다홍,
자줏빛깔

나뭇가지다.
가지마다 바람이 지난다.

바람에 열매다.
바람에 단풍이다.

열매 또 단풍은
가지의 춤이 되어 나무를 노래하는 가을이 된다.

잎새

동산이다.
소리 없는 합창이 동산에 가득하다.

어느 봄날이다.

푸른 싹들이 참새 날개같이 여리게 일어난다.

어느 여름날이다.

봄날의 싹이,
여러 모양의 잎새로 일어났다.

싹은 가시고
나뭇잎이 나무 정체 드러낸다.

둥근 잎, 길쭉한 잎,
톱니 모양 잎, 매끈한 모양 잎새다.

잎의 가장자리가 갈라진 모양 잎새다.
얕게 갈라진 모양 잎새,
깊게 갈라진 모양 잎새다.

그물 모양의 잎새,
나란한 모양 잎새,
한 장인 것과 여러 장인 모양 잎새다.

여름 잎새다.
바람결에 한들한들,

여름 잎새다.
어디,
한들한들 한가로움만 있을까?
불볕의 불화살,
폭우, 폭풍을 지나는 여름 잎새다.

대 군주 미가엘 같은 잎새다.

여름 잎새다.
불화살, 폭우, 폭풍이 지났어도 청청함이 그지없다.

어느 가을날이다.

잎새의 위대함이다.
꽃피게 하고
씨 맺게 하고 마지막에 피었다.

가을에 달관을 지고
찬란한 단풍 꽃으로 피었다.

잎새의 아름다운 절묘다.
어린 싹이,
어느 가을날, 꽃보다 아름답게 피었다.

어린 싹이더니,
여름 잎새가 되고,
가을 정취를 노래하는
붉은빛, 황금빛,
진홍빛, 주홍빛 잎새가 되었다.

마침내
어린 싹 꿈이 된 단풍은 다시 피기 위해 숭고한
낙엽이 된다.

온 들에 가득하다

광활한 들판이다.

태양 빛이 온 들에 작렬한다.

졸졸 흘러가는 시내다.
불볕에 시내도 맥없이 흐른다.

바람은 느릿느릿,
불볕을 싣고 논밭 사이를 지난다.

불볕에 일년초 곡식들이 기진한다.

홀연히 천둥이 치고,
지존자의 위엄이 들판을 울린다.

황금빛이 들에 가득하다.
지존자의 영광이 들녘을 지난다.

여시비가 내렸다.

물방울이다.
물방울이 곡식 잎새 위 앉아 구슬이 된다.

광활한 들판이다.
푸른 들이다.
들풀 위에 물방울이 가득하다.

푸른 들에 황금빛,
들풀 위에 물방울이 찬란한 보석이 된다.

황금빛이다.
물방울이다.
바람은 살랑살랑

지존자의 영광이 온 들에 가득하다.

불볕 햇살은 달빛 되고,
시내는 기갈을 해소하는 전사같이 달린다.

살랑살랑 솔바람,
황금빛 여시비에,
일년초 곡식들이 또랑또랑 생기 찬란하다.

지존자의 자취가 온 들에 가득하여 장관을 이룬다.

여명이 오셨다

할렐루야!
할렐루야!
어젯밤이다.
온 세상 위해 여명이 오셨다.

어젯밤이다.
임마누엘!
임마누엘!

태초에 계셨고,
지금도 계시고,
무한하신 여명이 오셨다.

아침노을이여!
어젯밤,
베들레헴에 여명이 오셨다.

너, 아침노을이여!
붉은 날개 활짝 펴라!
세상 끝까지
여명을 선포하라!

저녁노을이여!
너희도 여명을 선포하라!
어젯밤, 이스라엘에 여명이 오셨다.

너,
저녁노을이여!
까치 노을이 되어라.
어젯밤에 우리 님 오셨다.

할렐루야!
할렐루야!
온 세상이여! 기쁜 노래 부르라.

임마누엘,
임마누엘,
무한의 이름으로 우리 님 오셨다.

우리 님 오셨다

아득한 밤중이다.
별같이, 달같이
아득한 밤중에 우리 님 오셨다.

심령 밭이다.
땅거미 아득하게 내려앉는다.

땅거미는
심령 밭에서,
해달의 장막 되고,
인류는 양같이 광야 시대를 지난다.

선지자의 외침이여!
선견자의 노래여!

빛이여 오라!

온 맘 비추는 빛이여 오라!
온 영혼 비추는 빛이여 오라!
온 세상 비추는 빛이여 오라!

신비한 시대여,
너희는 천천 년의 시내를 건너 지났다.

선지자의 외침같이
선견자의 노래같이 우리 님 오셨다.

아이들아 노래하라!
청년들아 찬송하라!
성도들아 찬양하라!

동방의 박사들같이 예물 드려 찬양하라!
황금, 유향, 몰약을 바치고 절하며 찬양하라!

조요한 해같이
용맹한 붉은 용사같이 우리 님 오셨다.

온 세상 비추는 광명으로,
영원한 빛으로 우리 님 오셨다.

베들레헴에 나셨다

천군이여, 선포하라.
주의 나라,
그리스도가 나셨다.

천사들은 바람 날개 치며,
온 땅에서 할렐루야 부르라.

동방의 박사들이 예지의 별 따라 왔다.

베들레헴아,
베들레헴아!
너희 문들아 너희 머리를 들지어다.
예지의 별이 들어가신다.

영광의 왕이 나셨다.

예지의 별,
주의 별이다.
탄생하신 아기 예수 비추신다.

별의 노래　47

황금, 유황, 몰약,
동방의 박사들이 온 맘 다해 경배한다.

천지여! 일어나라.
나라들아! 일어나라.
열왕이여! 일어나라.
작은 골짜기 되어 일어나라.

너희 주가 나셨다.

온 시대여! 일어나라.
만민들아 일어나라.
모두 일어나 절하고,
잔잔한 축복송으로 들리게 하라.

왕 중의 왕 그리스도가 유대 베들레헴에 나셨다.

하늘에서 오셨다

거룩한 나라,
위대한 나라가
하늘에서 오셨다.

천사의 광채다.
거룩한 나라 비춘다.

만물들이 일어난다.
거룩한 나라,
우리 님 맞으러
만물들이 일어난다.

바람이다.
온 땅을 달리며 거룩한 나라 선포한다.

하얀 눈이 내린다.
찬양하며
고요하게
춤추며 송이 눈이 내린다.

하얀 눈송이다.
거룩한 나라 도래같이 온 세상에 내렸다.

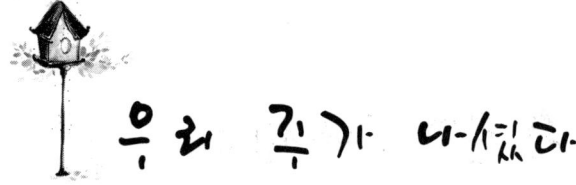
우리 주가 나셨다

하늘이여, 찬양하라
하늘 이 끝에서
하늘 저 끝까지 찬양하라
아기 예수 나셨다

온 땅이여, 찬양하라
천군이여, 찬양하라
그리스도가 나셨다

바람아, 찬양하라
베들레헴아, 찬양하라
아기 예수 나셨다

빛을 받은 자들아, 찬양하라
거룩한 날이여, 찬양하라
그리스도 우리 주가 나셨다

그리스도가 나셨다

빛을 기다린 세상이여,
빛을 기다린 밤이여,
영원한 빛 기다린 광명이여,

일어나라!
영원한 빛 그리스도가 나셨다.

하늘이여, 땅들아 찬양하라!
산과 들아 기뻐하라!
시내는 잔잔한 선율로 노래하라!

영원한 빛 그리스도가 나셨다.

영원한 생명,
영생을 기다린 세상이여,
선지자들의 그리움이여,
영생의 주 예수 그리스도가 나셨다.

바람이 춤추며 지난다.
영원한 생명 그리스도가 나신 까닭이다.

함박눈송이들아 선포하라!
거룩한 나라 온 땅에 선포하라!

함박눈송이 너희는
세마포 춤같이 내려앉아
온 땅에 거룩한 나라 선포하라!

천군들이여 찬양하라!
성도들이여 찬양하라!
종들이여 찬양하라!
유대 베들레헴에 온 땅의 구주 나셨다.

높이 떠 있는 별 하나

밤이 깊어 간다.
밤이 깊어 간다.

높이 떠 있는 별 하나,
새벽녘까지 희망의 아리아로 부르라.

유대 베들레헴에 구원자가 나셨다.

높이 떠 있는 별 하나,
박수치며 반짝반짝!

높이 떠 있는 별 하나,
노래하며 반짝반짝!

높이 떠 있는 별 하나,
춤추며 반짝반짝!

하늘에 별 하나
주 나심 선포한다.

온 땅이여 찬양하라!
아기 예수 나셨다.

바람이여 찬양하라!
아기 예수 나셨다.

산과 들아 찬양하라!
아기 예수 나셨다.

바다여 찬양하라!
아기 예수 나셨다.

밤중에 별 하나,
영원한 별 하나,
만민의 별이여!
유대 베들레헴에 아기 예수 나셨다.

빛이여

태초에 가득한 빛이다.
온 세상 비추는 빛으로 일어났다.

기다리고 기다린 빛이여!

만만 년의
소용돌이 지나,
베들레헴 비춘 빛이여,

아기 예수 탄생이여!
영영한 불씨 온 땅에 지폈다.

태초에 가득한 빛이여,
만 영혼 비추는 빛이여,

기다리고 기다린 빛이여!

만만 년의 폭풍 지나,
골고다 언덕 위,
붉은 피 깃발로 영영한 생명 불씨 퍼진다.

태초에 가득한 빛이여,
온 세상, 만 영혼 비추는 빛이여,

기다리고 기다린 빛이시여!

사흘의 침묵 깨시고,
영영한 하늘 문, 하늘 길 되셨다.

부활의 주가 달리신다

부활의 주가
햇살이 되어 달리신다.

바람으로 달리신다.

시내를 지나,
소용돌이 강물 따라 달리신다.

할렐루야!
할렐루야!

천사들이여, 찬양하라.
온 천지여, 찬양하라.

만유의 주께서 부활하셨다.

처녀들은
나물 캐며 할렐루야!
아이들은
버들피리 불며 할렐루야!

너희 문들아!
부활의 주가 들어가신다.
싹 틔우고
꽃 피고
알알이 열매 맺게 하려
부활의 주가 너희에게 들어가신다.

너희 문들아, 할렐루야!

부활의 주가
만 가지 형상으로 달리신다.

죽은 영혼 살리신다.

햇살이 되어
바람이 되어
만 꽃이 되어 달리신다.

죽은 영혼 살리신다.

우리 주가 부활하셨다

하늘이여, 노래하라!
해와 달아,
수많은 별들아, 노래하라!
우리 주가 부활하셨다.

바다야, 노래하라!
너희는 깊은 노래 불러 외치라!
우리 주가 부활하셨다.

들녘이여,
동산이여,
높은 산이여, 노래하라!

우리 주가 부활하셨다.

봄 햇살이다.
산야가 고운 빛깔로 일어난다.

푸른 싹이여, 노래하라!
하얀, 빨강 꽃들아, 노래하라!
분홍, 노랑, 보라 꽃들이여 노래하라!
우리 주가 부활하셨다.

시내여, 노래하라!

버들강아지,
하얀 입술같이 거룩한 노래 부르라!
갯버들 위에 뛰노는 아이들아!
시내를 치며 힘차게 노래하라!

버들강아지 사이로
오르락내리락
너희 얼굴이 찬연하다.
아이들아, 너희 주가 부활하셨다.

나물 캐는 처녀들아, 노래하라!
주의 신부 너희는, 땅끝까지 외치라!
아지랑이 등에 지고, 들녘의 춤 같이, 주의 부활 외치라!

온 땅이여! 온 세상이여! 너희 주가 부활하셨다.

내 님의 십자가

내 님의 십자가
사랑 십자가
그 사랑은 영원히 죽지 아니한다.

내 님의 십자가
사랑 십자가
하늘 머리에서
저녁노을 되어 떠 있고

하늘 끝에서
인(印)같이 구름 탔다.

성도들아!
너희는 영원하다.

내 님의 십자가
사랑 십자가
너희는 그 안에서 영원하다.

보리

보리야!
너는 누구 위해
하얀 눈 무덤 속에서 견디는가.

보리야!
너는 누구 위해
폭풍우 짊어지고 가는가.

너!
인고의 세월,
그 세월은 너 위함이 아니다.

오직
주의 영광을 위한 것이리라.

보리야!
너의 끝이 무엇이냐?

너는
주 사랑하는 자,
그들의 양식 위해
겨울, 긴 날들을 지나고 있다.

보리야!
너는 우리 주 예수님 같다.

천성을 향해 길손 된
주의
만백성 사랑이
우리 주 예수님 같은 것이다.

봄빛

봄빛이
우리 마음 채우면 어둠 있을까
봄바람이
우리 마음 채우면 닫힌 맘 있을까

봄빛이
우리 영혼 채우면 어둠 있을까
봄바람이
우리 영혼 채우면 절망 있을까

영원한 봄빛
영원한 봄바람이
네 영혼 채우게 부르라

그리하면
영원한 희망
그 희망 빛이
바람 날개로 우리 맘 채우리로다.

오늘이 좋은 날

오늘이 좋은 날이다.
어제보다
오늘이 좋은 날이다.

오늘은
너희의 미래였다.

까닭에
어제보다
오늘이 좋은 날이다.

성도들아!
어제보다 좋은 날은 영원한 오늘이다.

까닭에
너희 주 예수 그리스도가
상록의 도성을 안으시고, 오늘로 오신단다.

들풀

논, 밭두렁 사이
초록빛깔 들풀!
밟혀도 침묵이다.

만 사람에게 밟힌 들풀!

밟힌 까닭에
뿌리 깊고
줄기 강하게 일어난다.

그리스도인의
고난같이
줄기 강하게 일어난다.

논, 밭두렁 사이 들풀!
그리스도 예수같이
좁은 길
초록빛깔
비단길 되어 만 사람 인도한다.

희망

파랗게
피어나는 들녘
그것은
생명의 선포입니다.

생명 안고
무한히 펼쳐진 들녘
그것은
하늘님 가슴입니다.

정녕
들녘이 꿈인 것은
하늘님
가슴에 심어진 까닭입니다.

하루에 천년, 천년에 하루

님이여!
하루에, 천년의 사랑을,
천년의 사랑, 하루에 부으소서.

님이여!
하루에 천년의 기쁨을,
천년의 기쁨, 하루에 부으소서.

영영한 이름,
태고에서 오신 님이여!
하루와
천년을 오가시며 찬송을 받으소서.

나라여,
생명이여,
아름다움이여,
영영한 이름이시여,

님이시여!
님께서 보배로워,
한날이 천년을 대신하고,
님의 나라, 희열이 넘쳐
천년이 하루 같이 지나가나이다.

사막에서

사막에
길 있고
물 솟는 것은

어디서나
만 영혼
사랑 심은
하늘 님 숨결입니다.

사막에서
물 마셔
길 본 님은

귀한 맘
영혼 눈
열린 까닭입니다.

진달래

진달래야!
너는
폭우를 지나고,
눈보라를 지났다.

깊은 밤이 몇 날이더냐!
그 날들이
태고의 전설같이 지난 것이다.

진달래야!
너는
모든 나무보다 작다.

잎새를 떨군 진달래야!
너는
모든 나무보다 미운 존재였다.

작은 나무 진달래!
미운 진달래!
네가 어느 봄날 청초하게 피어났구나.

너는 산속에서 피어난 것이다.

너의 창조자,
너의 위로자,
너를 사랑하는 자

그의 입맞춤으로 네가 피어났다.

진달래야!
만인이 너를 듣고 놀란다.

너는 어서 가득하게 피어라!

벌거숭이 산에서,
모든 산에서,
골짜기 세상에서
산꼭대기 세상까지 가득하게 피어라!

종소리

새벽녘
산동네 머리에서
울리는 종소리!

교회에서
치는 종소리!

우리 동네 들녘에 울려 퍼진다.

어머니는 종소리 듣고
가지런히
머리칼 누이고
무릎 꿇어 기도한다.

새벽녘에
울리는 종소리!
사람이 쳐도
천사가 치는 것 같다.

여명의
날개로 오는 종소리!
아득히
들려오는 종소리!

울 엄마에게 하나님 오시도록
무릎 꿇게 한 경건한 종소리다.

하늘에서 할렐루야

하늘에서 할렐루야!

별들은 희망의 아리아로,
보름달은 주 사랑의 아리아로 불러라.

조요한 달 아래
처녀들의 코러스가 신랑을 부른다.

들녘에서 할렐루야!

곡식은 바람 타고,
바람은 곡식 탔다.

춤사위로 할렐루야!

바람은 고요하게 허수아비를 깨운다.

춤사위로 할렐루야!

허수아비는 거룩한 광대가 된다.

곡식이여! 일어나라!
곡식들이여! 일어나라!
추수의 날이 다가온다.

처녀들아!
녹색 빛으로,
붉은 빛으로,
파란 빛으로,
거룩한 빛으로 일어나라.

만월

둥글게 떠 있는 달이다.

님이여!
둥근 달같이 온전하게 하소서.

빛으로 떠 있는 둥근 달이다.

님이여!
빛같이 이 세상 충만하게 비추게 하소서.

고요하게 떠 있는 둥근 달이다.

님이여!
밤의 묵상같이,
말씀 지고,
세상 길 달관하게 하소서.

둥글게 떠 있는 한가위 보름달이다.

님이여!
한가위 열매같이
충실한 믿음 되게 하소서.

강강술래, 강강술래,
할렐루야! 할렐루야! 할렐루야!

님이여!
강강술래,
처녀들 따라가는 달같이 순종하게 하소서.

밤 지나,
천성의 빛으로 오실 때까지 순종하게 하소서.

님이여!
밤이 깊었습니다.
주의 날이 새벽 날개를 치며 오시나이다.

가을이 오기까지

가을인데 여름날이다
가을이 오기까지
먹구름이
천둥이
폭우가 더 지나야 되나 보다

가을인데,
가을날이 오지 않았다

먹구름이
천둥이
폭우가
더 몰아쳐야 되나 보다

까닭에
가을을 기다리는 너희여!
먹구름이
하늘 가득히 채우고 어서 지나게 하라
천둥이 마음껏 소리치며 떠나게 하라
폭우가
더 휘몰아쳐서 뿌리 없는 나무들이 사라지게 하라

별의 노래

너 폭우야!
참과 거짓이 드러나게 하라
아름다운 가을날을 위하여 휘몰아쳐라

까닭에
가을날 추수를 고대하는 너희여!
아름다운 가을날을 위하여
거룩한 추수를 위하여
폭우같이
성전의 전사 되어 분투의 검을 높이 들어라

꽃이 진다

꽃이 진다.

찬연한 꽃이 진다.

영원히 피기 위해 진다.

한잎 두잎 떨어진 꽃이다.
너는
사계를 지나
시대를 지난다.

꽃이 진다.

이름만 남은 꽃이여!
너는
역사가 되고
면류관이 된다.

한잎 두잎 떨어진 꽃이여!
이름만 남은 꽃이여!
너 핀 자리에 생명이 일렁인다.

꽃잎이 떨어짐 같이
대지 위에 떨어진 씨앗이여!

너는 생명이 되고,

또 다시
피어나기 위해 지고
네 향기는 영원한 면류관이 된다.

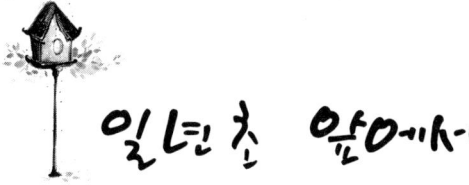
일년초 앞에서

일년초 앞에 서서 감사한다.
일년초,
꽃 피어날 때면 더 감사한다.

조금 있으면 시들 것이
어찌나
아름답고
향기 그윽한지

일년초
과꽃 앞에서 감사한다.
내 나그네 세월
과꽃보다 많은 까닭이다.

일년초
앞에서 감사한다.
일년초
잎새 떨구는 그 날에 더 감사한다.

성도들아!
티끌로
돌아간 인생들을 보았느냐!
일년초는 영원히 갔어도
티끌로
돌아간 길손의 몸은 다시 일어난다.

나의 창조자,
나의 구속자,
나를 사랑하는 자,
그 님이 하늘에서 오시는 까닭이다.

까닭에
나는
일년초 앞에 서서 무한히 감사한다.

미라 꽃송이 망초

평화 일렁이는 들녘이다.
망초 꽃이 만발했다.

소박한 꽃 망초다.
봄, 여름, 가을까지
하얗게 서 있는 망초다.

거룩한 꽃으로 서 있는 망초다.

주의 향기로 일어난 성도같이
하얗게 핀 향기로 서 있는 망초다.

만 꽃은 떨어져 사라져도
망초 꽃은 떨어져 사라지지 않았다.

겨울 들녘의 망초다.
숨결이 떠났어도 초연한 망초다.

겨울 들녘의 망초다.
왕 바람 지났어도 꽃송이 가시지 않았다.

별의 노래

주의 성도 주검같이 미라 된 망초다.

너 망초는
거룩한 생기로,
거룩한 생령으로, 영원한 봄 부른다.
까닭에
망초 꽃은 떨어져 가시지 않고 미라 되어 서 있다.

물방울 하나

맑은 물방울 하나다.

맑은 물방울 하나가 빛을 탔다.

요새를 지나
도랑물 사이로 맑은 물방울 하나가 지난다.

맑은 물방울 하나다.

생명의 신비를 뿌리며
시냇물 사이를 지난다.

맑은 물방울 하나다.

강물이 되어 만만 년의 역사를 지난다.

맑은 물방울 하나다.

시내를 지나
강물이 되고,
만만 년의 바다 끝에서 코러스로 일어난다.

별의 노래

빈터

님의 영광이다.
영광이,
바람결로 온 땅에 부어졌다.

님의 말씀이다.
빈터에 말씀이 부어졌다.

푸른 싹,
과수나무,
말씀 영광이, 빈터에서 일어난다.

싹으로,
줄기로,
만 꽃으로, 열매 가득하게 일어난다.

말씀에 기댄 빈터,
빈터가 울창하게 일어난다.

빈터에 부어진 말씀,
말씀이 고운 열매 맺었다.

형형색색 고운 열매다.
님의 춤이 되어
빈터의 합창이 된다.

빈터는 다시 말씀 부음 기다린다.

망초

망초야!
너는,
모란꽃처럼 송이 아름다운 것이 아니다.

망초야!
너는,
해바라기처럼 높이 올라 피어난 것이 아니다.

망초,
너는 잡초밭에 바람결로 심어졌다.

망초야!
푸른 잡초 까닭에
네 모양이 보이더냐?

너는,
잡초밭에 몇 그루 작은 존재였다.

작은 존재 망초야!
너의 정체가 무엇이냐!

푸른 잡초는 시들었고
너는 꽃핌으로 일어났다.

까닭에
망초야!
몇 그루도 좋다.
작은 꽃송이라도 좋다.
너의 꽃 핌이 무한히 좋은 것이다.

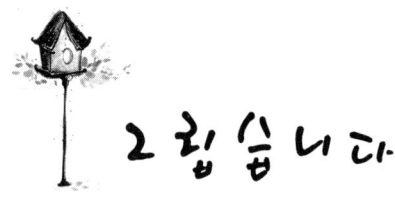
그립습니다.

그립습니다.
그 길목이 그립습니다.
그 옛날 어머니 손 잡고
아버지 마중 나간 그 길목이 그립습니다.

하얀 한복 입은 아버지!
그 아버지 맞으러 갔던 길목이 그립습니다.

하늘 길에서 오시는 내 님!
그 님의 초상 같아 더 그립습니다.

그립습니다.
그 옛날 어머니!
그 어머니 오른손에 들린 등불!
아버지 마중길 열어준 그 등불이 그립습니다.

자비한 인도자!
거룩한 님의 초상 같아 그 등불이 그립습니다.

희미한 등불!
그 넓은 들에 희미한 등불 하나,
그 등불이 그립습니다.

그 옛날 희미한 등불!
이 세상에 꺼질까 하여 애절히 그립습니다.

광야의 등불!
들녘의 등불 하나!
그 등불이 그립습니다.

오른손 내 어머니 등불같이
나 등불 든 까닭에
광활한 들, 비춘 그 등불이 그립습니다.

기념비 되게 하소서

주여!
살아 있는
주의 기념물 같이
주의 기념비 되게 하소서

주의 구원 증언하는
기념비 되게 하소서

주의 부활
선포하는 기념비 되게 하소서

고난 가운데서 용사된
주의 기념비 되게 하소서

기다림 끝에서 꽃피운
주의 기념비 되게 하소서

주여!
살아 있는
주의 기념물 같이
주의 기념비 되게 하소서

종의 삶 가운데
인도하신 사역에서
주의 자취 증언하게 하소서

주의 지식과 지혜가
어떠한지 증언하게 하소서

주의 인자와 능력과
권능이 어떠한지 증언하게 하소서

주의 재능과 은사가
어떠한지 증언하게 하소서

주의 축복과 영예가
어떠한지 증언하게 하소서

주의 종을
바라보는 모든 자들이
주의 종에게 역사하신
주의 기사를 전파하게 하시오며

주의 기사를
목도한 자들과
그 기사에
귀를 기울이는 모든 자들이
주의 이름 앞에 무릎을 꿇게 하소서

그들이
주의 완전하심을 보고
주를 찬양하게 하소서

그들이
주의 아름다움을 보고
주를 사모하게 하소서

그들이
주의 긍휼히 여기심을 보고
주의 은혜 선포하게 하소서

그들이
주의 위대하심과
영광과 영예를 보고
주를 경배하게 하소서

주여!
살아 있는
주의 기념물 같이
주의 기념비 되게 하소서

나의
몸과 영혼을 다해
주님을 증언하게 하소서

주 안에서
안식하는 순간까지
주님을 선포하게 하소서

주여!
살아 있는
주의 기념물 같이
주의 기념비 되게 하소서

충성 위에
능력과 재능을 더하사
주의 종에게 맡기신
모든 사역이 주의 기사가 되게 하소서

주여!
살아 있는
주의 기념물 같이
주의 기념비 되게 하소서

종의 얼굴에
주의
은혜로운 햇살 가득하게 담으소서

종의 얼굴에 서린
인생의 가련한 행적이
주의
은혜로운 햇살로 소멸되게 하소서

오직
주의 은혜로운 행적을
종의 얼굴에 가득하게 담으소서

마침내
땅을 밟고
하늘을 우러러 서 있는
주의 기념물 같이 주의 기념비 되게 하소서

재림

님이여!
새벽녘에
내린 눈같이
적막을 밟으시고 오소서

함박눈 송이같이
만 성도 축복으로 오소서

님이여!
눈송이 군대같이
주의 천사들과 함께 오소서

깊은 밤 침묵을 가르시고
새벽녘에
내린 눈같이
님의 재림으로 오소서

님이여!
새하얀 눈송이같이
거룩한 도성 안고 오소서

님의 영원한 이름으로 오소서

주 예수 그리스도의 이름으로 오시옵소서

눈이 내린다

눈이 내린다.
크고 작은 눈송이다

하늘에서,
땅 아래 끝까지,
춤사위로,
내려앉아 온 세상 채운다.

눈이 내린다.

크고 작은 눈송이,
낮은 곳에 내려앉았다.

송이 눈이 사라졌다.
하얀 대지,
하얀 성이 한량없이 펼쳐진다.

하얀 눈 세상이다.
거룩한 꿈,
형상이 되어 선다.

별의 노래

크고 작은 눈송이다.
낮은 곳에 내려앉은 눈이다.
형체가 사라졌고,
거룩한 실체가 되어 역사의 지평을 연다.

세상 끝이 오지 않았다

겨울이 지날 무렵이다.
징벌의 사자,
"코로나 19"가 '우한'에서 일어났다.

징벌의 사자다.
중국이란 이름의 나라를 강타한다.

가증한 뿔이 일어난 곳이다.
음란의 뿔,
교만의 뿔,
'스스로 세계 만국의 장자라' 높인 그곳이다.

태고의 애굽의 장자다.
생축의 첫 것 같이 생명이 시들어간다.

겨울이 지날 무렵이었다.

징벌의 사자가 지났다.
가증한 뿔,
음란의 뿔,
교만의 뿔이 일어난 그곳을 지났다.

별의 노래 103

징벌의 사자다.
고요한 나라 기습하더니 쏜살같이 열방을 향해 가신다.

만국이 폭풍 가운데 소용돌이친다.

징벌의 사자가 지나신 곳마다 곡성이 가득하다.

삼림이
천둥에 떨림같이 만민이 몸서리친다.

바위틈을 찾는 자들아,
아직은 세상 끝이 오지 않았다.

봄이 왔고, 봄빛이 찬연하다.

남은 열국이여!
징벌의 사자가 넘어가신 이스라엘 집을 보라!

유월절 양의 피다.
이스라엘 집 좌우 문설주, 인방에 핏물이 들었다.
창조자의 이름, 징벌의 사자가 진노를 멈춘다.

온 땅이여!
온 나라여!
영원한 생명을 부르는 자들이여!

'고센' 땅의 평강같이
봄꽃이 피었다.
산수유, 진달래, 매화, 벚나무, 개나리 향기가 가득하다.

잠자리 날개같이,
산사자나무 가지에서 잎새가 일어났다.
기도하는 모습같이,
오리나무 가지에도 잎새가 일어났다.

까닭에
열방이여!
만민이여! 아직은 세상 끝이 오지 않았다.

민족이여 나라여

할렐루야! 할렐루야!

선구자가 일어나셨다.

민족이여!
나라여!
너희는 택한 받은 백성이다.

민족이여!
나라여!
너희는 역사의 소용돌이 지났다.

민족이여!
나라여!
너희는 역사의 그 날에 하늘 깃발 들었다.

메시야가 도래하셨다.

'그리스도께서 우리를 자유롭게 하려고
자유를 주셨으니
굳건하게 서서
다시는 종의 멍에를 메지 말라' 하신 말씀이 온 땅에
울린다.

민족이여!
나라여!
너희는 진리 안에서 자유인이다.

메시야가 너희 곁에 계신다.

역사의 굴절에서 자유를 잃어버린 너희여!

메시야가
맹인 거지 바디매오의 눈을 뜨게 하셨다.

대한민국이여!
택함 받은 너희 겨레여!
메시야가 굴절된 이 역사를 고치신다.

할렐루야! 할렐루야!

인터뷰

| 오월의 빛이여 |

오월의 빛은 봄꽃의 절정을 비춘다. 특히 오월의 빛은 꽃으로 만발한 아름다운 대자연을 비추고, 또 오월의 빛은 여름의 문을 연다. 시인은 오월의 빛, 오월의 꽃핌, 오월의 바람, 오월의 꽃향기 등 오월의 아름다운 정취에서 자연을 운행하시는 주 하나님을 노래하였다.

| 네 님의 분재다 |

시인은 '네 님의 발자국 따라간다'라고 하며, 주의 인도를 묘사했다. 즉 '네 님의 분재다'란 주의 인도에 순종하는 성도에게 나타날 영광을 암시했다. 시인은 '동서남북에서 바람이 일렁인다'라고 하며, 예측 불가능한 생의 여정을 묘사했다. '파란 하늘'이란 순탄한 삶의 여정을 묘사했다. 먹구름, 뇌성폭우, 폭풍 등은 역경의 여정을 묘사했다. 새소리, 시냇물 소리, 찰싹거리는 파도 소리, 만발한 꽃, 춤추는 나비 등에서 순경과 역경의 교차를 묘사했다. '눈서리 치고'란 또다시 몰아친 삶의 질곡을 묘사했다. 특히 본 시에서 시인은 성도의 여러 모양의 삶의 여정에서 인도하시는 주의 사랑과 은혜와 능력, 또 성도의 순종에서 주께서 의도하신 영적인 아름다운 분재의 모습을 발견했다.

| 아직은 희망이다 |

시대가 어둡거나 삶에 폭풍이 몰아칠 때 세인들은 다시 싹을 틔우는 봄이 오지 아니할 것처럼 절망한다. 하지만 시인은 봄날의 대지에서 일어나는 싹과 봄꽃이 만발한 정취에서 절망의 늪에서 희망의 소리를 듣는다. 더욱이 시인은 역사의 질곡 끝에서 다가오는 아직 남은 희망의 완성으로 도래하는 하나님의 나라를 노래하였다(일곱 번의 겨울 끝에서 영원한 봄, 주의 나라 도래한다).

| 새 시대가 도래한다 |

우리나라 고유명절인 한가위는 추수의 시작에서 열매를 즐거워하며 지키는 절기다. 모든 열매를 추수하여 창고에 저장한 후가 아닌 추수의 시작에서 즐거워하는 명절이다. 이와 달리 연중 절기 중에 초막절(장막절)은 추수를 다 마치고 지키는 절기다. 추수한 곡식을 창고에 저장하고 지키는 초막절은 알곡으로 인정된 성도들이 천국에 들어가는 것의 모형이다. 그래서 시인은 한가위를 배경으로 한 본 시에서 새 시대, 즉 하나님의 나라를 송축하기에 앞서 성령의 도우심의 역사로 인해 열매 맺는 성도의 신앙을 노래하고자 했다. 하지만 그 열매, 즉 성도의 충실한 신앙은 성도 자신의 공로가 아닌 주의 성령의 도우심으로 가능하다는 점에서 주의 성령의 은혜를 노래하였다. 특히 '한가위 들녘의 시대가 저녁노을을 부른다'에서 시인은 주의 재림의 직전, 불원간 도래할 영적인 초막절의 시대, 즉 주의 재림과 함께 성취될 주의 나라의

도래를 전망하며, 노래하였다.

| 비추게 하소서 |

시인은 진리를 '빛'으로, 이 세상을 '어두움'으로 묘사했다. 어두움을 이 세상으로 묘사한 시인은 '어둠 속 별빛같이' 진리의 빛으로 이 세상을 비추기를 소원하였다. 또 시인은 높이 떠 있는 별을 높은 차원의 진리로 묘사했다.

특히 시인은 인간의 힘으로 높은 차원의 빛을 비출 수 없음을 잘 안다. 그래서 그는 주의 손을 잡고, 즉 주의 성령의 도우심으로 말미암아 진리의 빛을 비추고자 하였다. 또 시인은 진일보하여 높은 차원의 진리를 묘사하며, 높이 떠서 세상을 비추는 별을 노래하였다. 높은 곳에서 비추는 별들이 넓은 범위를 비출 수 있기 때문에 시인은 높이 떠 있는 별처럼 영적으로 높은 차원의 삶을 통해서 넓은 범위까지 진리의 영향력을 끼치고자 소원하였다. 시인은 다시 반짝이는 별빛을 통해서 영롱한 진리의 빛을 비추는 주의 사자의 삶을 소망한다. 한편 시인은 영적인 암흑기(땅거미 짙어올 때에)의 기운을 느끼며 종말을 전망하고, 또 하나님께서 그 날을 위하여 진리의 빛을 비출 종들을 예비하신 것도 전망한다. 이 때문에 시인은 '땅거미 짙어올 때에 별들, 즉 종들이 일어난다'라고 노래한다. 시인은 또다시 진일보하여 높이 떠 있는 별을 보며, 아득한 역사 끝에서 다가오는 영원한 하나님의 나라를 대망한다. 더욱이 시인은 별처럼 높은 차원의 영적인 삶이 영원히 지속되기를 소망하며 본 시에서 높은 차원의 영적인 이상을 노래하였다.

| 백성 위해 가신다 |
주의 백성, 주의 자녀는 주로 인해 그 삶이 장엄하다. 주의 사랑, 주의 인도, 주의 돌보심, 주의 영광으로 인해 그 삶이 장엄하다. 결국 그 장엄한 행렬의 끝은 성도에게 미칠 영원한 영광으로 승화된다.

| 나무에서 일어났다 |
시인은 그리스도를 나무에, 성도를 가지에 비유했다. 특히 가지에서 싹이 나고, 꽃이 피고 열매를 맺는다. 이는 가지의 영광이다. 그렇지만 가지의 영광의 뿌리는 나무다. 따라서 시인은 가지의 축복에서 오히려 그 축복을 가능하게 한 나무, 즉 그리스도를 찬양하였다.

| 긴 밤이 지났다 |
대지는 세상으로, 땅거미는 어두운 인류 역사로, 여명은 그리스도 또는 복음으로, '빛줄기 타고'란 복음 전파를 의미한다. '이슬'이란 주의 은혜로, 새순, 만 꽃, 벌들, 나비 등에서 주의 복음으로 말미암은 변화된 개인의 삶과 은혜로운 시대를 묘사했다.

| 광야 지날 때 |

'광야'란 구원받은 성도들이 천성에 이르기까지의 여정에 대한 묘사다. 또 '광야'란 성도들이 직면한 역경에 대한 묘사이기도 하다. 특히 성도는 광야의 역경에서 하나님을 의지하게 되고, 그 결과 어느 때보다 하나님과 밀착되어 있다. 하나님께서는 역경을 지나는 성도들의 가마와 눈이 되시고, 성도들은 안전하게 인도함을 받는다.

| 나락같이 |

시인은 중생의 은혜를 싹으로 비유했다. 그런데 그 싹은 주의 소유된 백성이다. 그래서 시인은 인내 끝에서 열매를 맺은 가을 곡식에서 자신의 이상을 열망한다. 즉 주의 뜻이 세상에 충만하게 채워지기까지 고난을 감수하고, 인내하며, 영적인 알곡의 이상을 실현하고자 했다. 결국 시인은 황금 들녘의 허수아비가 춤을 추는 듯한 영적인 희열을 묘사함으로 영적인 이상의 실현을 노래하였다.

| 주의 형상 이루소서 |

시인은 자신에 대한 하나님의 소망이 성취되기를 바란다. 그래서 그는 주의 마음, 주의 바람이 부어지고, 주의 길로 인도받기를 소망한다. 또 시인은 약속 있는 영원한 말씀을 좇아 아지랑이의 소멸같이 생명력이 없는 인생의 허무를 극복하고자 했다.

| 알곡이여 |

시인은 성도의 이상향을 노래한다. 성도들의 이상향의 뿌리는 시들지 아니한 백성의 구원을 위한 유월절 양의 희생, 즉 주의 구원에 있다. 특히 시들지 아니하는 생명의 뿌리에 접붙임이 된 성도는 초실절, 즉 주의 부활에 힘입어 이 세상의 형체가 풀어지는 그 날에 생명의 부활체가 되어 영원한 하나님의 나라를 누린다. 성도에게는 놀라운 축복의 날들이 오늘이 되어 영영히 유지되는 날이 된다.

| 알곡들이 들어간다 |

성도의 성공이란 속된 그 무엇을 성취하여 우뚝 서 있는 동경의 대상이 되는 것이 아니다. 성도의 성공이란 그리스도의 대속의 십자가에 의지하여 천성에 들어가기까지 신앙의 투쟁에서 승리하는 것이다. 여기서 승리자는 알곡의 성도이며, 시인은 종말과 함께 다가올 하나님의 나라를 대망하며 알곡된 성도의 기쁨을 노래했다.

| 열매 또 단풍 |

시인은 열매, 단풍이 아름다운 가을 정취에서 열매와 잎새를 틔운 나무를 노래한다. 결국 열매와 단풍의 근원이 되는 나무를 노래한 시인은 열매와 모든 아름다움의 근원이 되신 하나님을 노래하였다.

| 잎새 |
세인들은 나무의 잎새보다 꽃이나 열매에 더 관심을 갖는다. 특히 봄에 싹으로 일어난 잎새는 별 관심을 받지 못한 채 단풍이 되고 낙엽이 된다. 그렇지만 잎새는 꽃과 열매를 위해 헌신하다가 결국에는 꽃보다 아름다운 잎새, 즉 단풍이 되고 낙엽이 된다. 따라서 시인은 본 시를 통해서 헌신의 숭고함을 노래하였다.

| 온 들에 가득하다 |
시인은 자연의 운행에서 조화로움을 발견하고, 오묘하신 하나님의 섭리를 노래하였다.

| 여명이 오셨다 |
'여명'이란 어두운 이 세상에 빛으로 오신 그리스도에 대한 묘사다. '붉은 날개'란 인류의 구원을 위한 그리스도의 대속의 복음에 대한 암시이다. 아침노을과 저녁노을이란 온종일, 또 역사의 끝날까지 영광과 찬양 받으실 주의 복음에 대한 묘사다. 특히 까치는 옛사람들에게 즐거운 소식을 전하는 길조로 인식되었고, 또 까치는 그리운 손님이 방문할 때 노래하며 그 소식을 알린다고 했다. 그래서 시인은 '까치노을'에서 가장 높고 가장 희망적이고, 가장 숭고한 복음의 승화를 노래하였다.

| 우리 님 오셨다 |
빛으로 오신 그리스도는 땅거미 내려앉은 어두운 세상, 어두운 마음을 밝힌다. 결국 빛이 되신 그리스도는 인류 역사를 주관하시고 천국 문의 유일한 열쇠가 되신다.

| 베들레헴에 나셨다 |
그리스도의 탄생을 가리켜 곧 '만왕의 왕의 탄생이다'라고 믿는 시인은 자연과 온 나라와 시대까지도 주를 찬양하라고 권유하였다.

| 하늘에서 오셨다 |
주의 탄생에 대한 찬송시다.

| 우리 주가 나셨다 |
하늘과 땅과 주의 은혜 받은 자들에 대한 찬양의 권유이다.

| 그리스도가 나셨다 |
마땅히 찬양 받으실 그리스도의 탄생을 축하하는 축시이다.

| 높이 떠 있는 별 하나 |
하나님의 나라와 높이 떠 있는 별을 노래하므로 숭고한 그리스도의 비전, 즉 거룩하신 복음으로 말미암은 복음을 전망하였다.

| 빛이여 |

그리스도의 탄생과 대속과 부활, 또 세상 가운데 편만하게 전파될 복음의 능력에 대해 노래했다.

| 부활의 주가 달리신다 |

| 우리 주가 부활하셨다 |

| 내 님의 십자가 |

주의 나라는 영원하다. 성도에 대한 주의 사랑도 영원하다. 특히 하나님께서는 그리스도의 십자가를 통해서 인류에 대한 사랑을 나타내셨다. 한편 시인은 아침노을에서 주의 장엄한 부활을, 저녁노을에서 주의 재림과 함께 도래할 새로운 희망의 나라를 바라보았다. 그리고 그 나라는 하늘 끝, 즉 종말과 함께 주의 재림과 함께 저녁노을, 즉 희망의 나라로 도래할 것이다. 특히 성도들은 영원한 주의 나라에 대해 약속받은 자들이다. 그리고 그 약속의 나라는 주의 십자가 안에서 영원하다.

| 보리 |

보리는 겨울의 눈보라를 맞으며 들녘을 지킨다. 겨울을 지난 보리는 연중 제일 먼저 수확을 하고 그것은 서민들의 양식이 된다. 여기에 시인은 한파와 폭풍을 견딘 보리를 희망의 상징으로 묘사했고, 또 겨울을 견디어 승리한 보리가 봄의 빗장을 열고, 서민의 양식이 된다는 점에서, 본 시에서 그리스도의 고난과 십자가 고난의 성취가 인류에게 영생을 주는 양식이 되었다는 점을 노래하였다.

| 봄빛 |

시인은 어느 봄날 산책로에서 청아한 일기에 쏟아지는 봄 햇살과 바람에서 영적인 주의 빛과 은혜를 관조한다. 더 나아가 시인은 봄 햇살같이 충만한 주의 은혜를 앙망하였다.

| 오늘이 좋은 날 |

오늘은 우리가 희망했던 미래의 시간이다. 특히 그리스도인이 꿈꾸는 영원한 희망의 나라, 천국도 결국 오늘이란 시간으로 다가올 것이다. 그래서 시인은 미래가 오늘이 되었을 때, 하나님의 나라가 오늘이 되었을 때, 긍정의 모습으로 오늘을 맞이할 수 있도록 현실에서 미래의 삶을 녹여낼 수 있는 삶을 살아야 한다고 믿는다.

| 들풀 |

들녘에서 흔히 볼 수 있는 길은 논두렁, 밭두렁 길이다. 논두렁, 밭두렁 길에는 들풀이 일어나 고개를 내밀고, 농부들은 의례 초록빛 들풀을 밟고 지난다.

한편 밟힌 들풀이다. 그 들풀은 밟혔다는 것 때문에 죽지 아니하고, 더 강하게 뿌리내려 자라 녹색의 카펫 길이 된다. 여기에 시인은 만 사람에게 밟혔지만 죽지 아니하고 강하게 뿌리 내려 일어나는 들풀에서 그리스도인의 고난과 승리를 관조하였다.

특히 시인은 그리스도인이 고난을 극복하고 승리한다는 점에서 승리의 상징으로써 '뿌리 깊고 줄기 강하게 일어난다'라고 했다. 이뿐만 아니라 시인은 녹색이 생명에 대한 상징이란 점에서 구원을 좇는 그리스도인의 길을 초록빛이라 했고, 그리스도인이 하나님께서 섭리하신 좁은 길을 좇는다는 점에서 논두렁, 밭두렁을 은유하여 천성 길로 묘사하였다. 결국 시인은 자연을 은유하여 그리스도인의 길을 노래하였다.

| 희망 |

시인은 고난 가운데서 유년기를 지나온 봄의 들녘을 회상했다. 봄의 들녘은 그야말로 희망차다. 따스한 햇살과 함께 겨울의 얼어붙은 대지가 녹으며 싹들이 움트기 시작한다. 논두렁, 밭두렁에서는 쑥들이 일어나고, 처녀와 소녀들이 논두렁, 밭두렁에서 쑥을 캔다. 순간 아지랑이가 일어나고, 금새 봄

들녘에 농부들이 부산하게 출입한다. 유채화가 들녘을 아름답게 물들이고, 나비와 새들의 춤사위가 들녘을 채운다. 그야말로 시인이 유년기에 지나온 봄의 들녘은 광활한 희망의 무대였다.

한편 희망의 봄은 겨울 들녘을 지나왔다. '그 누가 황량한 겨울 들녘이 회생하여 새롭게 피어나게 하였을까?' 오직 창조주만이 황량한 겨울 들녘과 봄의 들녘을 교차하실 수가 있다. 이 때문에 고난 가운데 직면한 시인은 유년기에 겨울과 봄의 들녘을 회상하며 희망을 갖는다. 시인은 무생물인 들녘을 새롭게 피어나게 하신 하나님의 능력, 시인에 대한 하나님의 회복을 믿는다.

한편 하나님께서 들녘을 창조하셨다. 하나님께서 당신이 창조하신 들녘을 기억한 바 되셨고, 때를 따라 그것들을 돌보셨듯이 당신의 형상대로 창조하신 시인을 기억하신 하나님께서는 시인에게 사랑과 은혜를 더하신다.

| 하루에 천년, 천년에 하루 |

시인은 주의 측량할 수 없는 인생과 역사의 경륜을 관조하며, 하루에 주의 천년의 은혜를, 천년에 주의 하루의 은혜를 염원하였다.

| 사막에서 |

고난의 삶을 가리켜 '사막'이라고 묘사했다. 그런데 사막에도 생수가 솟아나고, 길을 갈 수 있는 방향이 있다. 이를 발견한 자가 있고 발견하지 못한 자가 있다. 시인은 하나님의 은총이 있는 자를 가리켜 '사막에서 물샘을 발견하고 길을 본 자'라고 묘사했다. 사막의 물샘이 있듯이 은혜가 있는 자는 죽을 만큼 힘든 고난의 길에서도 해갈의 생수를 발견할 수 있고, 칠흑같이 절망을 느끼는 막막한 상황에서도 길을 발견할 수 있다. 그렇지만 이는 주의 은총이 있어, 영적인 시야가 열린 자에게 가능하다.

| 진달래 |

늦가을에 잎새가 진 진달래는 산속에 나무 중에서 가장 작고 볼품이 없다. 그런데 시인은 잎새가 사라진 진달래, 산속이 나무 중에 가장 작은 진달래, 볼품이 없는 진달래에서 자신을 묘사하고자 했다. 특히 겨우내 산속에 묻혀 있는 진달래를 상상해 보라! 여기에 시인은 진달래를 은유하여 시련 가운데 회복의 진전을 발견할 수 없는 자신을 가리켰다.
한편 진달래는 정원에서 피지 아니하고 사람 손에서 자라지 않는다. 산속에서 자라고 피어난다. 그렇지만 진달래는 어느 꽃보다 먼저 봄을 알리는 전령으로 꽃피운다. 그래서 진달래는 겨우내 침울했던 세상을 깨우고, 봄의 설렘, 즉 봄의 희망으로 인도한다. 특히 역경의 터널 끝을 직감한 시인은 자신을 가리켜 진달래로 묘사했고, 산야에 만발한 진달래 꽃에서 자신에게 섭리된 주의 무궁한 비전의 성취를 바라보았다.

| 종소리 |
유년기의 시인의 생활 터전은 들녘이었다. 들녘 머리에 동산에 있었고, 그 동산 머리에 작은 교회가 서 있었다. 시인의 유년기 시절 그 교회는 새벽마다 종을 쳤다. 시인의 어머니는 교회에서 들려오는 종소리와 함께 기상하여 머리를 가지런하게 정돈하고, 옷차림을 정갈하게 하며 기도를 드리기 시작하였다. 따라서 본 시에서 시인은 유년기에 그의 어머니가 기도했던 모습을 기리며 노래하였다.

| 하늘에서 할렐루야 |
한가위의 즐거운 정취를 신앙으로 승화하여 노래하였다.

| 만월 |
만월과 그 만월의 빛을 바라보며, 한가위의 풍성함에서 온전한 주의 은혜를 소망하며 기도하였다.

| 가을이 오기까지 |
2010년 초가을이었다. 여름날을 방불할 만큼 기온이 상승하고, 장마같이 천둥과 비 내림이 여러 날 계속되었다.

시인은 때아닌 장마 같은 일기에서 자연에 대한 창조자의 섭리를 포착했다. 완연한 가을 세계가 열리기까지 반드시 지나야만 하는 천둥, 반드시 내려야만 하는 비 내림에 대하여 관조한다.
이러하듯 우리 인생도 그 무엇의 정상에 오르기까지 회개, 개선의 충족, 기다림, 또 짊어져야만 하는 고난의 분량이 있음을 관조하였다.

| 꽃이 진다 |
식물의 영광은 결코 꽃이 아니다. 꽃잎이 떨어지고, 그 자리에 씨앗을 남기는 것이 꽃의 영광이다. 또 씨앗이 한 알 그대로 보존되는 것이 씨앗의 영광이 아니다. 씨앗이 대지에 떨어져 형체를 잃어버리는 것이 씨앗의 영광이다. 형체를 잃고 썩어지지 아니하면 많은 열매를 거둘 수 없기 때문이다. 따라서 시인은 꽃이 지고 씨앗이 땅에 떨어져 형체를 잃고, 싹을 틔우는 섭리에서 헌신의 숭고한 가치를 노래하였다.

| 일년초 앞에서 |
시인은 아름다운 꽃을 피워내고 시들어가는 일년초 앞에서 감사하였다. 하나님께서 만만 종의 일년초 식물들에 특질을 부여하시고, 아름다운 꽃으로 피어날 수 있도록 돌보아 주시고 인도하신다. 하나님은 금새 시들어 버릴 일년초임에도 불구하고 아름다운 꽃으로 피어나도록 은혜를 입혀 주셨다. 여

기에 시인은 일년초 과꽃에 대한 하나님의 축복과 인도에서, 주의 대속 받은 자에 대한 영광과 은혜를 염두에 두고, 감사의 시로 영광을 돌렸다.

| 미라 꽃송이 망초 |

망초는 화려한 꽃이 아닌 소박한 꽃이다. 소박한 꽃, 망초가 미라같이 겨울 들녘에 서 있다. 시인은 별로 아름답지 아니한 망초에서 자랑할 것이 없는 인생을 묘사했고, 미라같이 서 있는 망초에서 분토에 지나지 않는 성도에게 나타날 생명의 부활을 전망하였다.

| 물방울 하나 |

본 시에서 '물방울'이란 중생한 성도들을 가리킨다. 시인은 중생한 자가 주께서 섭리하신 영적인 여로를 지나 큰 물결을 이룰 만큼 복음의 큰 영향력을 끼칠 수 있는 은혜와 능력을 노래했다.

| 빈터 |

본 시에서 '빈터'란 성도의 심령 밭이다. 심령이란 빈터에 주의 은혜가 부어지고, 또 말씀의 씨앗이 뿌려졌을 때, 수용하는 자마다 아름답고 풍성한 열매를 맺어 하나님을 기쁘시게 하는 신앙을 구축한다.

| 망초 |

본 시에서 '꽃 피지 아니한 잡초'란 중생의 은혜가 없는 불신자를 가리키고, 또 '망초'란 무가치한 인생임에도 중생하여 주의 생명력을 소유한 성도에 대한 은유다. 본 시는 주의 은혜로 말미암아 무가치한 인생을 극복한 성도의 노래이다.

| 그립습니다 |

본 시는 시인의 유년기를 배경으로 하였다. 시인의 집은 들녘이었다. 시인의 아버지는 농경을 하시며, 5일장에 두루 다니시며 씨앗을 파는 보부상이셨는데, 한밤중이 돼서야 집으로 돌아오셨다. 시인의 어머니는 남편의 마중을 위하여 사각유리 안에 호롱불을 밝히시고, 오른손에 호롱불을, 왼손에는 시인의 손을 잡고 시인의 아버지 마중을 나가셨다.

특히 시인의 아버지는 항상 하얀 한복을 착용하셨다. 하얀 한복을 착용하신 시인의 아버지께서는 한 걸음씩 시인과 그 어머니 앞으로 다가오셨고, 시인과 그 어머니는 시인의 아버지를 맞으러 한 걸음씩 앞으로 나아갔다.

여기에서 시인은 하얀 한복을 착용하시고 시인과 그 어머니에게로 다가오시는 아버지를 상기하며 재림의 그리스도를 연상하였고, 등불을 들고 아버지와 남편을 마중하는 시인과 그 어머니를 성령의 불로 마지막 시대를 밝히며, 주의 재림을 기다리는 성도를 연상하였다. 더군다나 시인은 어둠이 짙게 깔린 들녘에 오솔길을 비추는 가느다란 호롱불에서 진리로 세상을 비추는 소수의 성도, 소수의 종들을 가리켜 '희미한 등불'이라고 하며 신앙을 상실해가는 종말의 시대를 연상하며 안타까워하였다.

| 기념비 되게 하소서 |

| 재림 |
'새벽'은 절망에 직면한 자들에게 있어서 소망을 기대할 수 있는 문이 된다. 특히 본 시에서 시인은 '새벽녘에 내린 눈같이 적막을 밟으시고 오소서'라고 기도한다. 시인은 인류 역사의 절망 끝에서 주의 재림과 함께 도래할 영원한 나라를 사모하는 성도들과 만물들의 바람을 노래하였다. 여기서 '눈'은 거룩한 주의 나라로, '적막'은 소망이 끊어진 인류 역사로, 또 거룩한 도성은 주의 나라에 대한 묘사다. 시인은 함박눈이 내린 어느 새벽에 하얗게 변한 도시의 정경에서 종말과 함께 성취될 주의 재림과 거룩한 도성을 앙망하며, 관조하였다.

| 눈이 내린다 |
눈 내림의 정경에서 복음의 능력으로 인한 겸손을 노래하였다. 또 인본주의를 극복할 수 있는 거룩한 신앙의 위력과 자기 부정을 통해서 성취될 성도에 대한 주의 꿈을 노래하였다.

| 세상 끝이 오지 않았다 |

본 시는 '우한 폐렴 바이러스'가 세계를 강타하고 또 대한민국 정세가 소용돌이치는 시대를 배경으로 하였다. 특히 시인은 방역의 일환으로 모임이 금지되어 교회 예배가 어려운 상황에서 '주의 재림이 성취되는 시점이 아닐까?' 하고 생각하였다. 하지만 긴 겨울이 지나고 어느 봄날, 싹이 일어나고 만발한 봄꽃들을 목도하며, 아직 남아 있는 인류의 소망과 역사를 노래하였다.

| 민족이여 나라여 |

시인은 이념과 세대 간의 갈등, 자기 이해를 관철시키기 위해 거짓을 진실같이 말하고, 또 나라와 국민을 위한 것보다 정치적인 이해를 우선시하여 거짓말을 하고, 국민을 선동하는 정치인들의 작태를 보았다. 시인은 이 나라에 소망이 없음을 절감하고, 하나님께서 지금까지 우리나라에 베풀어 주신 은혜를 상기하였다. 즉 시인은 오직 하나님의 은혜와 인도가 이 나라 국민 위에 함께하고, 그리스도를 의지하는 국민, 또 주 예수 그리스도께서 이 나라의 굴절된 역사를 치료해 주시도록 염원하였다.

별의 노래

2022년 11월 13일 초판 발행
2025년 7월 6일 개정판 발행

지은이 | 이미자
발행인 | 박희진
펴낸곳 | 도서출판 들림

주 소 | 서울시 성북구 장월로3길12 세종주택 B동 403호
　　　　Tel (02) 912-5612

출판등록 제 307-2006-30호
ISBN 978-89-97013-74-6　03810　　정가 19,500원

* 저자와 협의하에 인지는 생략합니다.
* 잘못 만들어진 책은 구입하신 서점에서 교환해 드립니다.
* 지은이와 도서출판 들림 양측의 동의 없이 어떠한 형태로도 전재, 복제할 수 없습니다.